KOREA UNIVERSITY 1905

2013년 제3집
고려대학교 평생교육원 시창작과정 엔솔로지

겨울을 위한 小說

신형자 외

문학공원

차 례

초대시

1학기 수료생 초대시

참여작가

2013년 제3회

처절히 아름다운 날들을 사랑합니다

세상에는 아름다운 것이 참으로 많습니다. 사람들은 꽃이나 향기, 달콤한 것 등을 아름답다고 생각합니다. 그런 아름다움보다 더욱 아름다운 것이 있습니다. 긍정하는 아름다움입니다. 물끄러미 바라볼 줄 아는 아름다움니다. 꽃이 예쁘다 하고 바라볼 때 꽃이 행복해지는 것이 아닙니다. 꽃을 아름답게 보아주고 있는 그 사람이 행복해지는 것입니다. 우리는 시를 쓰는 사람입니다. 시는 사물을 아름답게 바라보는 곳에서부터 시작됩니다.

아름다움에는 여러 가지가 있습니다. 예쁨, 귀여움, 상큼함, 발랄함, 아기자기함 같은 아름다움은 물론 아름답지만 그런 감미로운 것으로는 인생의 맛을 느끼긴 어렵습니다. 비장미, 처절미, 장엄미, 숭고미 등과 해학미와 골계미 등이 우리가 추구해야 할 아름다움입니다. 늙음으로서의 아름다움, 시듦으로서의 아름다움, 해체됨으로서의 아름다움, 부서짐으로서의 아름다움, 견딤으로서의 아름다움 등은 가만히, 그리고 물끄러미, 아주 오랫동안 보아야 보이는 아름다움입니다.

숨바꼭질하던 당산나무가 베어진 후든지, 놀던 바위가 없어진 후에 그 바위가 내게 얼마나 아름다운 추억을 주었는지 알게 됩니다. 그래서 저는 일본강점기와 6.25동란, 보릿고개와 아이를 낳고 기르며, 실패를 거듭하면서 견뎌오신 선생님들의 그 처절히 아름다운 날들을 사랑합니다. 저와 함께 공부하고 계시는 견딤이 아름다운 선생님들을 너무나 사랑합니다.

지도교수 *김 순 진* 올림

2013년도 고려대학교 평생교육원 시창작과정 이모저모

▲ 1학기 개강식

▲ 2012년 제2집 엔솔로지 「하늘포목점」 출판기념회

▲ 남산한옥마을 야외수업

▲ 고양세계꽃박남회에 관람

▲ 영월 주천연꽃시화전에 참석

▲ 포천아트벨리 · 허브아일랜드 종강여행

2013년도 고려대학교 평생교육원 시창작과정 이모저모

▲ 영월 문학기행

▲ 2학기 개강식

▲ 2013년 제3회 시화전

▲ 고려대학교 교정에서

▲ 김순진 교수 등단 30주년 기념 & 출판기념회

▲ 서대문역사관 야외수업

▲ 김태연 시집 『마음의 등대』 출판기념회

▲ 한국문화예술위원회 주최 김순진 교수 초청 대학로 '예술나무 숲으로의 초대' 특강

지도교수
김 순 진

고 보 희 | 권 영 춘 | 김 방 주 | 김 상 호 | 김 선 영

김 정 태 | 김 태 연 | 김 하 늘 | 민 홍 기 | 백 운 수

신 형 자 | 양 수 연 | 오 문 희 | 오 운 교 | 이 숙 자

이 후 재 | 전 하 라 | 전 호 림 | 정 아 | 황 계 순

2013년 제3집
고려대 평생교육원 시창작과정 엔솔로지

【 김순진(지도교수) 】

벽지 외 4편

김 순 진

어릴 적 고향집에 살 때 벽에 신문지를 바르고 살았다
어수선한 삶의 언어들이 벽에서 나와 머릿속에 들끓었다
그러다 살림이 조금 나아져 꽃무늬 벽지를 바르고 살았다
꽃다운 부모님의 나날들은 시든 꽃처럼 떨어지고 흘러내렸다

지금 집에는 벽돌무늬 벽지를 바르고 산다
벽돌로 쌓은 벽에 벽돌무늬 벽지라니
사실을 가리고 허구를 내세운 내 시 같다
처음 사무실을 차렸을 때
벽에다 시화도 걸고 액자도 걸고
나름 든 척 배운 척 하려고 꾸미던 시절이 있었다
책을 좋아하며 살다보니
지금은 경향각지에서 보내준 책이 출입문과 창을 뺀
벽면을 모두 차지한다

수많은 작가들의 그렇게 많은 세월과 사연들을
벽지로 바르고 살 줄이야
지금 내 사무실은 도서 벽지가
모두 번화가다

무채를 썰다가

아주버니, 채 좀 썰어주세요
김장하는 날, 무나물같이 부드러운 제수씨 말씀에
고분고분 조선무를 채썬다

여름내 쏟아지던 빛의 기억이 무채색으로 가지런히 눕는다
쓱쓱 싹둑싹둑
밭도랑을 깎던 낫의 음성이 흥건히 물을 먹은 채 묻어나온다
둔덕을 일으키던 경운기의 발자국무늬가 무수히 쏟아진다

152cm에 42kg 그 작은 체구의 새어머니
이장 보시는 아버지 손님에
전마누라 자식 사남매, 데리고 온 아들 하나
그 많은 식구의 김장을 해내시던 힘은 어디서 나왔을까

채 썰고 남은 오가리를 입에 싹둑 깨무니
놋숟가락으로 무를 긁어 잡숫던 생모의 맛이 느껴진다
전마누라의 명복까지 기도하며 견뎌내신
새어머니의 그 달달하고 시원한 음성이 들린다

앉은뱅이저울

오랜만에 그를 만났다
그는 달랑 불알만 가지고
앉아서도 제 밥벌이를 하고 있었다

어머니는 네가 한번 세상의 균형을 맞추어 보라며
내게 불알을 달아주셨다
그러나 나는
세상의 균형을 맞추기는커녕
내 몸도 못 가누고 살았다

어머니 뜻에 조금이라도 부합하는 사람이 되고 싶어
공무원을 때려치운 이후 내 생은 고단했다
공장 노동 세일
이것저것 안 해본일이 없었지만
도무지 균형을 잡을 수가 없었다
그러다가 응암동 대림시장 한 모퉁이 노점에서
오뎅 튀김을 팔며 5년 동안 속을 끓여내 시를 썼을 때
내 불알은 딸랑거리지 않았다
그때 나는 좋아하는 일을 해야 행복해진다는 걸 깨달았다

그래서 출판에 출 자도 모르면서 출판사를 차려
호랑이 굴로 들어왔다
출판을 하며 잡지를 내는 일 역시 녹록치 않았다
그러나 나는 고난 끝에 10년을 견뎌
성공한 사람이란 평가를 받게 되었다

나는 이제 흔들리지 않는다
거센 풍파에도 중심을 잡으며
세상을 헤량할 시라는 중심추가 있으니

분수

신설동 우산각공원올 지나는데 분수가 뿜어져 올라가고 있습니다
보기만 해도 가슴속까지 시원해지는 분수입니다
아들 지아비 아비 노릇 잘하고
존경받는 사람이 되고 싶었습니다
분수를 모르고 살아왔던 지난날을 생각합니다
$3/4 + 6/7 = ?,\ 12/13 \div 5/9 = ?$
그런 분수를 분수에 더하거나 빼고 나누고 곱하는
계산적으로 사는 일은 버거운 일이었습니다
늘 긴축재정으로 살면서
처남네 아이 결혼식에는 얼마를 부조할까
별로 친하지도 않은 사람이 보낸 청첩장에 가야 하나 말아야 하나
그런 계산적 삶은 늘 가슴이 답답했습니다
그러다 잇단 사업실패로 돈이 턱 없이 부족해졌을 때
그냥 계산하지 않고 살기로 했습니다

내가 분수처럼 명랑해지기 시작한 건
계산을 내려놓고 본격적으로 시를 뿜어내기 시작부터입니다

술값 밥값을 누가 낼까 걱정하기보다
사람 만나는 일이 행복해지고부터입니다

같은 물이라도 좁은 구멍을 뚫고 하늘로 올라야 분수가 됩니다
사선으로 뿜어지면 남의 옷을 적시는 물총에 지나지 않습니다
내가 먼저 들어주고 내가 먼저 인사하고
내가 먼저 사과하고 내가 먼저 손 내밀고
좁은 속을 뚫고 나올 시원한 물줄기 하나 마음에 두고 삽시다

이제 저는 제 분수를 알 것 같습니다
사람들끼리도 분수처럼 시원해질 수 있는 방법은
계산하지 않는 실천이란 것을

더듬이와 방패

지하철 1호선 청량리역 쪽으로 가는 열차
살짝 검정 선글라스 사이로 실눈을 뜬 맹인 두 명이
3분 사이로 찬송가에 발을 맞춰 엉거주춤 지나간다
둘 다 앞을 볼 수 있는 사람이지만 희망의 감자눈을 잃어
구걸로 연명해야 하는 그들의 삶
어느 병원에서 '꾀병도 병'이라는 표어를 본 일이 있다
삶이 얼마나 고단했으면
멀쩡한 사람들이 눈을 감고 더듬이를 택하였을까
그들에게 지팡이는 길을 더듬는 도구가 아니라
세상의 손가락질을 막아내는 방패
그들의 눈을 떠주기 위해 목숨 거는
심청이도 뱃사람도 보이지 않는다

2013년 제3집
고려대 평생교육원 시창작과정 엔솔로지

1학기 수료생 초대시

양수연

오운교

황계순

지팡이

양 수 연

4월 5일이 생일인 그는
청운의 꿈으로 발돋움하며
대들보나 장롱으로 시선 받을 날만 고대했다

그러다 어느 청명한 그날
땅바닥이 더 가까운 그녀를 만나
그는 밤낮 없는 노고로 좌절하며 실망한다

그녀 역시 아직은 걸을 수 있다며
그의 존재를 잊은 채 외출을 한다
산고의 걸음으로 억지로 마을회관을 찾는 그녀
그녀를 바라본 그는 가련한 마음에
차라리 안내자가 될 것을 다짐도 하지만
친구는 쌍지팡이를 들고 간섭하며 반대한다

왕년에는 그의 도움 없이도 달음박질했던 그녀
이젠 그가 어깨를 내어주니 안도하는 모습이다
그녀와 평생 동행을 다짐하는 그는
오늘도 꼿꼿하게 그녀를 앞서가며
함께 외출 중이다

일회용 우산

오 운 교

하루 종일 웃다 찌푸리다
변덕스런 날씨, 종당에 비를 뿌린다
외출할 때 준비성 없음을 탓하며 24시 편의점에서
아리따운 그녀를 만났다
하늘처럼 환한 속을 들여다볼 수 있어 좋고
사람 반하게 하는 꼿꼿한 줏대가 좋다
그러나 연약해 작은 바람에도 흐느적거리는 몸짓은 안쓰럽다
비가 일찍 그쳐 그녀와 사랑 나눌 시간이 부족한 건 아쉽지만
날이 개면 금방 잊고 마는 내 건망증에도
넓은 가슴으로 포근하게 감싸주는 정성이 가상하다
내 손 꼭 잡고 헤어지기 아쉬워하는데
우리 첫 만남처럼 서로 생기로운 얼굴로
다시 만날 날을 기약해본다

집까지 따라와 현관에 기다리며
늘 손잡아주길 원하는 비를 좋아하는 그녀
우리의 사랑이 하룻밤 풋사랑이 아니길

배꽃 화접하다

황 계 순

자랑스런 구리시의 명물 먹골배
아삭함과 시원하고 달콤한 맛은
보는 이들에 침샘을 자극한다
격한 기온변화 속에서도 그 맛을 보여주기 위해
올해도 배꽃이 흐드러지게 피었다
다음은 벌 나비의 자연스런 수정을 할 차례지만
사람들의 지나친 환경오염으로
벌 나비는 온데간데없다
그래서 사람들은 기계를 만들고
손으로 직접 인공수정을 한다

부드러운 털붓에 꽃가루를 묻혀
활짝 핀 꽃 속에 살살 부벼주는 손길
명품 만들기에 힘을 합해본다
곤충이 공짜로 해주는 일을
일부러 해야 일을 하는 사람들
꿀도 잃고 나비의 춤도 보지 못한 채
자충수를 둔 마음도 손길도 무겁다

【고 보 희】

큰소리치는 이유 외 4편

고 보 희

하루가 시작되는 새벽에 담장을 넘어온 신문
대충 주요 기사 훑어보고 책상에 놓아둔다
오후에 찾으면 벌써 소식지에서 폐지의 신분으로 하락
반듯한 모습을 잃은 채 나에게 구원을 청하고 있다
신문으로 보는 눈과 폐지로 보는 눈이 한 지붕 두 가족
부수입을 노리는 도우미에게 멱살 잡혀 숨죽인 채 엎드려있다
인간의 삶과 신문의 삶은 피장파장이다
태어나기까지의 설레임은 대단했다
태어나 하루는 전승기라고 생각하겠지만 그것은 희망일 뿐
세상사는 냉혹한 것
언제 호외가 나와 뒤통수를 한 방 먹일 런지 모른다
그래도 하루살이 인생의 그가
큰소리 뻥뻥 칠 수 있는 것은
날마다 새롭기 때문이다

때늦은 국화

여름에 푸른 치마 펄럭이던 그녀가
영하의 날씨에 노랗게 웃으며 오가는 시선을 붙잡는다
영역을 넓히며 해마다 잔치판을 벌인다
꿀벌들의 방문을 냉랭하게 차단하는 기후
순희 영희 철수는 온실로 들어간지 오래다
엄마 아빠는 자유롭다
나의 발길을 반기는 듯
그녀가 애절한 눈빛으로 붙잡는다
생명을 위협 당한다고 하소연을 쏟아낸다
솜이불로 덮어 달라고 아우성이다

이태리타올

숨어있는 불순분자들 모두 색출하라!
사찰관이 들이닥쳤다
모두들 벌거벗겨진 채 물고문을 당한다
납작 엎드려 숨었던 그가
비명을 지르며
힐끔힐끔 하수구로 도망간다
늘어진 뱃살의 아줌마는 표적수사선상에 올라있다
날씬한 아가씨를 만날 때면
일을 해도 날아가는 기분이다

한국국적을 가지고도
이태리 국적인양 위장한 그는
누구도 밀입국을 방치하지 않는다
소원이 있다면 뽀송한 나라에서 쉬는 일이다

항아리

나의 전직은 김치국 씨 가문을 고문하는 고문관이었다
내가 가둔 김씨들 중 몇은 얼어 죽었고
세간에서 나는 악명이 드높았다
그들이 한꺼번에 죽어버릴까 걱정돼
나는 겁이 덜컥 나 두툼한 담요를 준비했다
나는 감나무 옆에서 볏짚 모자 쓰고
한겨울 내 보초를 서기도 했다
그러다 김치냉장고가 출시된 후 나는 설자리를 잃었다
이젠 무슨 일이고 시켜준다면
경비도 좋고 허드렛일도 좋다
사람들은 나를 집안으로 못 들어오게 하면서
추녀 밑에 세우고 박대했다
내 울화를 씻어주는 것은 소낙비뿐
아무리 윙크해도 쳐다보는 이 없다

내가 어떤 사람인줄 정말 모르나 보다
에이 이참에 진품 명품에나 나가 볼까

졸업

스승과 제자 4년의 학업에 종지부를 찍었다
진학의 문턱에 걸려 넘어진 만학도
야간대 문턱은 넘을 수 있었다
박쥐의 삶 4년 망설임 끝에 저울추가 꺾였다

"나에게 빛을 찾아갈 수 있는 지혜를"
뭍으로 튕겨 나온듯한 물고기의 소원
결국 나는 사이버대의 문을 두드렸다
매 과목마다 컴퓨터강의
나는 시창작에만 관심이 집중되었지만
시험을 대비해야 하는 타 과목들
시계초침 의식하며 자판기 두드리던 절박함

이젠 시 한 편에 하루의 기분이 좌우된다
이 기분 언제까지 이어지려나

【 권 영 춘 】

답게 외 4편

권 영 춘

어릴 적, 신발다운 신발 한 번 신어보지 못했고
전쟁 중에는 밥다운 밥 한 번 제대로 먹지 못했다
그래도 꿈다운 꿈 한 번 꾸고 싶어 완행열차의 신세를 지고
사람의 자식들 낳아서 보내라는 서울에 정착했다
군군君君 신신臣臣 부부父父 자자子子[1]라 했다
어디 잠다운 잠 한 번 자 보았던가
아비는 아비다워야 한다는 부분에서는 자식들에게 정말 미안했다
미안하다는 말, 얼마나 가슴시린 말이던가
말께나 한다는 사람들은
남자는 남성다워야 하고 여성은 여성스러워야 하며
정치인은 정치인답게 행동하라고 여의도를 향해 혀가 닳도록 주문하지만
정권이 바뀔 때마다 임금들은 줄줄이 감옥으로 가는 걸 본다
그가 일월오봉도日月五峰圖 앞의 어좌御座를 내려올 때
신하답지 못한 신하들이 고개를 숙이고 옥방으로 가는 것을 본다

---

1)논어 안연편 제11장에 나오는 말

오랜 시간 장마다운 장마가 계속되고 있다
온 나라에 햇볕다운 햇볕은 언제쯤 폭포수처럼 콸콸 쏟아질 것인가
농사꾼은 곡인穀人답게
어부는 어옹漁翁답게
장사꾼은 품격을 높여 상인上人답게
백성들이여 사람답게
학생들이여 배우는 자 답게
교사들이여 가르치는 선비답게
우리 다 같이 서로를 위해 아름답게 살아야 한다
사람이 사람다워야 하는 행동의 그 길
눈물다운 눈물을 가슴 깊이 지니는 것이
사람답게 사는 것임을 되새겨본다

세금

천안 추모공원에는 사만 삼천이백열두 분의 영혼이
영원히 잠에 취해 있습니다
말도 많고 탈도 많은 세상
이들 중에는 말言세를 미처 해결하지 못하고
말세末世를 맞이한 분들이 있을지도 모릅니다
앞집 신혼부부는 가끔 관악산보다 더 높은 목소리로 휴대폰에 매달려
계단에서 신혼을 즐기고 있습니다
말세가 호랑이 이빨보다도 무서운 줄을 아직은 모르나 봅니다
전철에서는 키 큰 젊은이가 검정가죽으로 장식한 금빛 성경책을 높이 들고
말세를 강조하고 있습니다
여보세오 지금 말세 안 받는다고 말세 말세 하지 마십시오
그는 눈 흘기며 못마땅하게 쳐다봅니다
말세론이 세상을 몇 번 흔들더니 요즘은 조금 잠잠해졌습니다
아내의 말세도 무시할 수가 없답니다
전화기만 잡았다 하면 마음속의 법문法問은 모두다 물거품이 된답니다
말세가 무서워서 방문을 조용히 닫을 수밖에 없지요
말 많은 집 장맛은 쓰다고 하던가요

한 할머니가 전철역 입구에서 전단지를 손에 들고
가느다란 목소리로 말세를 강조하고 있습니다
말을 잘못하다 말[言]세를 물게 되면 말세末世가 될 수도 있다는 것을
할머니께서도 잘 아실 텐데요

가방

남대문시장 한 모퉁이에서 만난 듬직한 그 남자
나는 평생 동안 그의 충실한 내조자가 되기로 마음먹었다
그이는 외출할 때마다 나의 손목을 꼬옥 잡아주거나
그의 어깨에 매달리라 허락한다
갑자기 소나기를 맞거나 오물이 튀었을 때도
그는 늘 내 건강을 생각해 얼굴을 닦아주거나
일광욕을 하자며 나를 밖으로 데리고 나간다
그는 하루의 일과를 마치고 집에 오면
몸이 나른한 나를 항상 그의 머리맡에서 쉬게 한다
전철과 버스 안에서도 그는 언제나 나를 먼저 챙겨준다
오랜 세월동안 그와 살면서 나도 다치거나 시무룩할 때가 있다
그러면 그는 가끔 동네 의원에 들러 내 상처를 말끔히 치료해준다
큰 병이 들어 종합병원서 대수술을 받은 적도 있다
언젠가 그의 이력서를 가슴에 안고 입사시험을 치르러 가던 날은
내 마음이 그이보다도 떨린 날이었다
나이 지긋한 그가 시 공부를 하겠다고 가끔 서점에 들러
시집 몇 권을 안겨줄 때면 나는 한없는 행복을 느낀다

이젠 나도 많이 늙었다
그래도 상처투성이인 나를 함부로 대하지 않는
그이를 보면 한 없이 존경스럽다
그와 나는 둘 다 학구파
나의 내조가 그에게 큰 힘이 될 것 같아
나는 그의 곁에 따라 붙는다

지우개

코흘리개 어린 시절 학교에 가는 날은
산수책과 함께 바둑이[2]를 책보에 싸서
어깨에 메고 함께 뛰었다
몽당연필 한 자루와 지우개 하나를 굳게 문
책보 속의 바둑이는 등에서 몸부림을 쳤다
지우개는 잘못 쓴 글자를 지우며 염소똥을 쌌고
점점 여윈 몸은 빙어처럼 오장육부가 훤히 드러났다
우리는 바둑이가 지우개를 물고 살아온 것처럼
보이지 않는 지우개를 가슴속에 지니고 산다

어제 기분 좋게 마신 술이
아침 길거리에서 기분 나쁘게 끝이 난다
널부러져 있는 소주병들의 슬픈 넋
바둑이처럼 꼬리를 흔들며 역 개찰구를 빠져나가는 사람들
지우개가 장롱 안에서 깊은 잠을 자나 보다
수십만 킬로미터의 세월을 달려온 타이어
지우개는 가루가 될 때까지 그 흔적을 지우며 살아간다
순간의 잘못을 지우개로 지울 수만 있다면
세상은 좀 더 환해지고 이 겨울은 보다 더 따뜻해지리라

---

2) 5,60년대 초, 초등학교 1학년 국어책 첫 페이지에 나오는 강아지 이름

뻐꾸기시계

10년 전쯤 목소리 고운 뻐꾸기시계를 하나 샀다

그녀는 흔들리는 그네 위에서
매 시간마다 우리 가정을 즐거이 노래해준다
온 집안에 퍼지는 그녀의 고운 목소리
그때마다 우리 집은 깊은 산속에서 아침을 먹거나
숲 그늘에서 가장 편안한 휴가를 보낸다
별빛이 하늘을 적시는 밤에는
마음속의 별을 세며 잠든다
어둠을 뚫고 새벽을 날아온 그녀는
허공에 새 일과표를 작성해준다
언제나 같은 보폭으로 걷는 그녀의 발걸음
사람들은 그녀의 걸음이 빠르다 늦다 시비하지만
그건 사람들의 잣대

그녀는 날마다 노래한다
세상은 언제나 즐거운 일이 생기고
언제나 여름처럼 싱그럽다는 것을

2013년 제3집
고려대 평생교육원 시창작과정 엔솔로지

【김방주】

시계 외 4편

김 방 주

처음 너를 만난 날
언제든 같이 하자고 약속했는데
시간이 지날수록 왜 마음이 급해진 걸까
너는 나보다 걸음이 빨라졌구나
나 모르게 알고 싶은 것이 있는 걸까
매력적인 남자가 생긴 걸까
보고 싶은 사람을 만나러 가는 날에도
좋은 물건을 골라 사려할 때도
버스를 갈아타려 급할 때에도
조금 더 앞서 가주는
너는 나의 이정표
걸음 빠른 너보다 쳐진 나지만
성격 급한 네가 아직 내 옆에 있어줘서 고맙구나
내가 너를 다정히 바라보는 일을 소홀히 한 적도 있지만
나는 항상 널 의지하며 살고 있다는 걸
알고 있겠지

예술나무 숲[3]), 그 그늘에서

마로니에공원 김상옥 열사의 동상 앞마당
첫 번째 심어진 큰 문학나무의 그늘에 앉는다
어떻게 해서 저렇게 큰 예술나무로 자랐을까
사람들은 따스한 햇살 한 가닥 더 보태어
실한 문학나무 가지 하나 얻어 가슴에 심으려고 모인다

비록 좁은 땅에 심은 작은 사과나무라 할지라도
관심을 가지고 자주 들여다보며 사랑을 주면
먹음직스러운 큰 사과가 열리듯
어려움을 많이 겪을수록 좋은 작품이 쓰여진다고 한다
언제나 나도 남들이 미처 생각 못한
나만의 말이 술술 풀리는 날 있으려나

깻잎장아찌가 서로 붙어 잘 일어나지 않을 때
밑에 붙은 깻잎 지그시 눌러주는 사람[4])이 되고 싶어서
그의 주변으로 모인다

---

3) 한국문화예술위원회에서 주최한 김순진 시인 초청 마로니에공원 행사의 이름
4) 김순진 시 「깻잎반찬」 중에서

오천 원

백화점 앞
어쩌다 밤에만 서는 보따리시장
공원으로 산책을 가다가 들렀다
중년의 아저씨에게 묻는다
이 옷은 피지는 않을까요
글쎄요, 그것은 나도 몰라요
옆에 있는 아줌마를 따라
같은 색으로 주세요, 한다

두 시간 정도 펼쳐놓는단다
어젯밤에 열 장은 팔았을까
천 원 씩만 남겨도 삼십 개만 팔면 3만원
한 달에 이십 일만 팔아도 육십만 원
오늘은 어느 곳으로 갈까
이 눈치 저 눈치 보며
보따리를 풀었다 묶었다 반복하는 보따리장사

커피 두잔 값도 안 되는 바지를 사 입고
이리저리 거울을 봐도 근사하다
값이 싸서라기보다는

열심히 살아가는 모습에
더 부지런해야지, 다짐을 한다
'박리다매'라는 말을 생각하면서

주목

빨간 앵두 같이 생긴 주목 열매
씹어보면 겉은 좀 단맛
속은 딱딱한 씁쓰레한 맛이 난다
항암효과가 뛰어나다는 주목 한 접시를
깨끗이 씻으면서 생각한다

이 작은 것 하나 하나 따 모으는 끈기와
주위를 돌아보는 관심과 친절의 깊음을
설탕을 섞어 꿀단지에 재어놓는다

마음의 꿀단지에 차곡차곡 눌러야 할 자존심
남에게 듬뿍듬뿍 얹어주어야 할 달콤한 사랑
무엇이든 상대방의 마음에서 주목해보자

시와 별의 만남

- 제16회 김삿갓문화제에 부쳐

동료 문인들과 참가한 제16회 김삿갓문화제
노루목에 들어서니 시화를 펄럭이며 바람이 분다
달팽이택시[5]를 타보고
오랜만에 코스모스길[6]을 걸으며
배춧잎 넣은 메밀전에 막걸리 한 모금 축이고
시스타[7]로 가 시와 별의 만남을 주선한다
책을 펼쳐 세운 듯한 산세가 동강을 끼고 돌고
새벽에 일어나 별을 닦고 내려온 안개와도 만난다

왠지 모를 허전함에 탄광문화촌으로 차를 몬다
사각 양은도시락에서 흘러나온 김치 익은 냄새
선생님이 되고 싶었던 적이 있어 교단에 올라서 본다
오늘은 배급날이란 글이 붙은 애환의 거리
그때 그 시절을 떠올리며
학교 가는 학생이 되어본다

5) 김순진 시인의 시 제목
6) 필자의 시 제목
7) 시와 별이라는 뜻의 숙박시설

【 김 상 호 】

갈대 외 4편

김 상 호

바람을 흔들어
흰 머리로 허공을 빗질하니
저 멀리 떠 있는 구름은
하늘에 머물지 못하고
서쪽을 향해 흐른다

숲속에 잡초와 가시나무들
계절을 뚫고 돋아
바람을 머금고
늘 아픔 상처를 주니
태양이 아프게 머문다

촉촉한 숲속에 뿌리를 박고
한여름 시름없이 자라
밝은 하늘을 보고
서서는 늘 신선神仙처럼
머무는 것을 쓸고 있다

쓸어야 비우고
비워야 채우니

마음속에 담아 둔 아상我相은
당신의 하얀 선심禪心에
이 가을의 파란 하늘을 채우고 싶다

고사리

옥체玉體는 피가 굳고
뼈를 갈아야 빛이 난다

마음에 세월을 닦고
혜안에 세상을 읽어
천상을 이곳에 낮추면
긴 숨에 침묵이 온다

모두 노아야 버려야 닦아야 피가 굳고
모두 지워야 태워야 없애야 빛의 체體가 된다

이것은 닦아서만도 아니고
이것은 기도만으로도 안 되고
이것은 본성이 깨끗해야만 되는
본성이 빛이어야만 된다

죽어서 남기는 것은 업業이고 이름이라도
육신이 남기는 것은 옥체의 사리舍利이다

아버지 어머니 묏자리에
여기저기에 옹기종기 돋으니
아버지의 몸 사루어
땅속에 사리구슬 맺혔으려니
태고의 넋을 이어가시는가

남대문

내가 사는 세상에는 문 천지이다
하다못해 지옥에도 문이 있고
천당에도 문이 있고
마음에도 문이 있다

그 많은 문들은 전부 닫쳐 있다
문이 닫치면 갈 수도 올 수도 없고
마음의 문이 닫치면 사랑도 잃고
사랑을 잃으면 삶도 피폐해진다

사랑의 문은 열어야 행복하고
닫친 문은 열고 가야 가는 보람이 있다
모두는 자연의 진리를 깨달고
지혜의 문을 열어야 진실로 참되다

새장의 새나 우리 안의 동물
바다가 넓어도 가두리의 고기는
문을 열지 못해 감옥에서 산다
문을 열줄 알면 자유를 얻는다

나는 도성의 경계에서 위세 당당하다
바람도 막고 백성의 소리도 막고
임금님의 행차도 막았다 얼마 전
불침을 맞고는 늘 문을 열어둔다
대도무문大道無門이다

워낭소리

뜰 옆 적막한 선방에
맑고 둥근 눈 지그시 감고
가부좌를 틀고 앉아
법문하는 부처님 같은 상을 본다

평생 동안 멍에를 메고
중생을 위한 고행을 하며
겨울에는 탁발도 마다하고
거적을 쓴 채 청빈하게 산다

전생의 양순한 업으로 태어나
중생에 귀의하여 순종하고
심우도[8]의 성찰로
중생의 깨달음을 준다

끝내는 자신의 보시布施로
육신마저 훌훌 벗어 받치고

8) 심우도(尋牛圖): 불교의 선종(禪宗)에서 본성을 찾는 것을 소를 찾는 것에 비유하여 그린 선화(禪畵). 일명 십우도라고도 함

넋만이 천상에 간다
워낭은 두고 소리도 간다

소나무

사찰에 소[9]가 간다
너를 찾고 너를 보아야
나를 보고 나를 안단다

팔만사천법문 다 외우고
그 의미 백번을 뇌까려도
지키고 실행하지 않으면
얻은 게 무엇인가

계절의 아픔도 잊고
늘 푸른 모습에 하늘을 이고
몸에는 철갑을 두르니
거친 세월도 비켜가는구나

바늘 같은 잎새
번뇌 망상을 꿰고
삼독을 멸하니 이제는
너에게 귀의歸依해야 하는가보다

---

9) 소(牛): 심우도(尋牛圖) 또는 십우도(十牛圖)

소나무[牛南無][10]야!
소나무야!

10) 나무(南無): 불교에서는 귀의(歸依)한다는 뜻

입동立冬

동티가 나면 아프다
아물지 않는 상처에 동티가 나면 상처가 남고
맨살에 동티가 나면 심신이 괴롭다
마음속에 동티가 나면 치유가 어렵다

여름의 비바람에 난 동티는
낙엽이 지고야 치유가 되고
여름에 가뭄으로 난 동티는
배고픔으로 치유가 어렵다

동티의 치유는
여인의 손길이 제일의 약이다
당신이 오시는 길목에서
여인이 약 항아리에
가을의 푸르른 약초를 채우고
들 거지 갈무리에 마음이 바쁘다

여인의 동티는
남자의 마음이 제일의 약이다

2013년 제3집
고려대 평생교육원 시창작과정 엔솔로지

【 김 선 영 】

밥을 주다 외 4편

김 선 영

시계에 밥을 준다
배가 고파 울음소리조차 작다
떡하니 버티고 서서 먹을 것을 달라고
두 팔을 힘없이 젓는다

먹어야 산다
배 터지게 먹여야 산다
나 어릴 때 먹을 것이 없어 배고파 울어본 적이 있다
매달릴 힘조차 없어 그냥 울었었다
엄마는 죽 한 사발 얻어와 내 입에 넣어주니
힘이 나 고무줄놀이도 하고 사방치기도 하며
지금도 수건돌리기 놀이에 열중이다
먹을거리가 많아져 골라먹는 세상에 누가 뺏어 먹을까
장소 가리지 않고 곁눈질을 해가며 마구 먹는다
배고파 울던 그 시절에 생긴 습관일까
아무리 천천히 먹으려고 해도 잘 안 된다
그래서 일까 힘도 세고 목소리도 크다

너도 배터지게 먹으면 나와 같이 소리도 크겠지
평생 밥을 먹으며 살아야 하는 너와 나

낙엽

나는 어머니 뱃속에서 탯줄잡고 매달리고
뱃속에서 태어나 젖줄잡고 매달리고
험한 세상살이 부모님 손에 매달리다
결혼해서 남편 품속에 매달린다
자식에게도 매달려 보지만 자꾸자꾸 밀려나네
달리기만 하는 말없는 세월 앞에
모든 걸 내려놓고 아양을 부려도 보고
생긋생긋 웃어도 보지만
서럽기 한이 없네
나는 매달리는데 이골이 났다
오늘도 떨어질까 두 손 꼭 잡고
이 악 문다

흥, 내가 떨어지나 봐라

꿈

동동주 한 잔을 마셨다
시원하고 달작지근한 맛에 기분이 좋아진다
식도를 적시며 잘도 넘어 간다
수다쟁이 아줌마처럼 말도 많아지고
노래도 하고 싶다
주거니 받거니 두 잔을 마신다
가슴을 지나 오장육부五臟六府에 구석구석 퍼진다
왠지 양처럼 순해지고 이유가 많아지며 자책도 하게 된다
괜히 죄인이 된 심정으로 석 잔째 들이킨다
심장이 마구 뛰며 무엇이든 할 수 있을 것 같은 용기가 생긴다
까불지 말라고 그래! 큰소리치며
세상이 돈짝만한 게 모두 내 것으로 보인다
그런 나의 미래를 위해 건배하듯 넉 잔째 마신다
술기운이 뇌로 젖어 들면서 과거가 떠오르고
지나간 삶의 모습들이 동동주 거품마냥 툭툭 터진다
어느새 나는 반쯤 넋 나간 듯 모로 누워 식식거리는데
그가 나를 또 유혹한다
마냥 나를 데리고 놀 모양이다
얼씨구절씨구 지화자 좋다

놀다보니 해가 중천에 걸려 있다

분분

분憤해도 참아야 해 참아봐 참아 봐봐
얼마나 참아야 하는데?
글쎄 참아 봐
넌 참을 수 있어
참음은 곧 지혜와 연결되니
침 한번 꿀꺽 삼키고 참아봐
얼마나 참아야 하는데?
마음을 잘 다스려봐
그래도 무조건 참으면 되는 게 어디 있어?
글쎄 참아봐 참으면 돼
참으면서 숨을 크게 쉬어봐
여태까지 참았는데 이젠 더 이상 못 참아!
한번만 더 참아 봐 응응
참으면 돼 정말?
그래 그래 참아
오늘 아침 전화 한 통

분盆에서 삼 년이나 참았다 꽃피우는
저 한란韓蘭처럼

시낭송회에 가다

-제46회 스토리문학관 정기 시낭송회에 부쳐

따사로운 가을 햇살과
상쾌한 마음을 가방에 주섬주섬 담아
시낭송회 장소로 달려간다
시인이 되고 싶어 남몰래 키워오던 꿈
오늘은 학생이 되어
흥분된 마음으로 시낭송회에 간다

내가 간 과거 속에서 그리움을 찾아주고
새로운 용기와 희망이 있음을 가르쳐준 시낭송회
글 쓰는 일이 대화를 하는 것과 마찬가지임을
시는 내 마음의 아픔과 슬픔도 덜어준다는 것을
사랑하는 것이 사랑받는 것임을 가르쳐 주었다

문학은 배고픔을 넘어서는 것임을
정신은 육신 위에 군림한다는 것을
진정한 문학은 나를 위하고
나만의 것을 숭상한다는 것을

【김정태】

아비와 아들 외 4편

김 정 태

칠순의 아비가
중풍 맞은 40대 아들 앞세우고 재활운동 돕는다
뻗정다리에 팔이 틀어져 몸이 말을 듣지 않지만
아들은 아버지 시키는 대로 열심히 걸어본다

어릴 때 무등 태워 놀던
사랑하는 아버지와 아들의 꿈같던 시절도 있었으련만
바람에 흔들리는 나뭇잎 바라보며
다 큰 아들 걸음마 돕는 주름진 얼굴엔
슬픈 사랑이 배어있다

몸이 자유롭던 한때,
질풍노도의 철부지 시기에는
어지간히 부모가슴 긁어 놓기도 했으련만
지금은 순종하는 착한 아들 되어
아버지 손잡고 저리 좋아하는 얼굴이
차라리 천진스러워 눈물겹다

40이 되어 아직도 걸음마
마음은 아버지 업고 달리고 싶은데

꿈길

하루를 끝내고 잠자리에 드는 시간은
아름다운 꿈을 꿀 수 있어 행복하다

아내 손잡고 걷는 평화로운 들길이 있고
동생들과 토닥거리던 즐거운 고향집이 있다
때론 철부지 친구들 만나
마을 앞 시냇가에 고기도 잡고
소 먹이고 찔레 꺾고 새둥지 맡으러
산길 헤집고 다녀도 본다

어릴 때 늘 태산이었던 엄마 아부지
하늘나라 먼 길 달려오셔서
투정부리는 아들 손 잡아주신다
야윈 내 얼굴 만져주시며
안아주신다

잠자리에 누우면
용꿈 돼지 꿈 아니어도
보이는 것 기쁨으로 출렁이고
스치는 모든 것은 그리움이 된다

하늘

사람들은
가장 귀하고 소중한 것을 말할 때
내 이름을 쓴다
아버지나 남편 임금 같은 귀한 사람을
나 같은 사람이라 부르기도 한다

내가 푸르고 높을 때는
천하가 풍요롭고 말도 살찐다
나는 해와 달을 품고
별들이 꿈꿀 수 있는 넓은 가슴이 있다
언젠가는 인간들이 내 얼굴을 만져보려
바벨이란 탑을 쌓아올리다가
내 진노로 인해 혼비백산 된 적이 있다
지금은 더욱 영악해진 인간들이
불기둥 만들어 나를 뚫고
하늘세계 여기저기를 쑤시고 다니며
별짓을 다 한다

인간들의 끝없는 욕망으로
맑은 얼굴은 상처나 일그러져

나는 이따금
계절도 잊은 채 미쳐버리기도 한다
폭풍과 홍수 때로는 쓰나미로
세상을 혼쭐 내보기도 하지만
돌아서면 잊어버리고
인간들은 나를 향해 삿대질을 한다

연기가 나를 가리고
불길이 내 얼굴을 태울지라도
나는 넓고 높은 하늘
내일은 다시 푸르러 지리라

봄인 줄 어떻게 알고

아파트 베란다 현란한 꽃동산 모퉁이
지난여름 새로 이사온 소사나무분재 한 그루
S라인 몸매에 연두색 옷자락이
꽃동산 가족들을 더욱 정겹게 했는데
늦가을 어느 날
천지가 단풍으로 물들 때
그녀는 모든 것 벗어던지고
여리고 앙상한 몸매로 노래를 그쳤다

아름다움도 그 우아함도 겨우 한 철뿐이었구나
연두색 빛깔의 추억은
가로수 가지에서 춤추는 낙엽처럼 애잔하고
겨울은 그렇게 아쉬움으로 흘렀는데
어느 날
가지마다 신기하게 움이 터오른다
시골 저녁 냇가에
불빛 따라 기어나오는 새끼가재처럼
곰실거리며 마디마다 고개를 내밀고
앙증맞은 몸매로 계절을 노래한다

저 가냘픈 여린 가지도 저만의 계절을 알아
철따라 생명의 노래를 부른다
봄은 아직 저만큼 먼발치에서 머뭇거리는데

석기시대의 바람이 분다

괴성과 몸부림으로 광란의 물결이 출렁이는 도시는
어둠이 낮이 되고 빛이 밤으로 둔갑한다
뒤집힌 밤낮 속의 혼돈과 무질서에
어지러이 갇혀 허우적대는 군상들은
늘 초점 잃은 멀뚱한 눈으로 미궁을 헤맨다

잡기雜技로 처자식 굶기는 이웃 망나니에 대해서는
비굴하게 다가서 굽실대는 말종이
구슬땀으로 숨 가쁜 제 애비는
못난이라 무시하며 툭하면 패륜의 발길질이다
사교邪敎의 주술에 걸려 헤 벌어진 입으로
옆집은 모든 것이 정의롭고 반듯한데
제 집구석은 더럽고 구질구질하다 악을쓰며
걸핏하면 촛불 들고 지붕을 불사르려 한다

석기시대의 토굴 집회는 음산하다
멸종된 유물의 턱뼈를 신주(神主)처럼 걸어놓고
저들만이 통하는 방언으로 뼛속까지 충성을 다진다
반역과 협잡, 패륜의 세력이 쑥 뿌리처럼 득세하여
무서운 기세로 도시의 심장을 조여오고

조작 탄압 모략 날조라는 주문呪文이
걸핏하면 뒤집어씌우기로 귀신도 놀라 자빠지게 한다.
광기서린 바람이 회오리치는 곳에는
전기통신 설비가 파괴되고
흑암과 혼돈 폭동과 살상으로
천지는 아비규환 초토화된다

새시대의 눈부신 햇빛아래
저기 보석처럼 반짝이는 영롱한 눈빛
움트는 새싹들의 몸짓은 푸르고 싱그럽다
아직 그늘지고 음침한 구석 모퉁이에서는
역겹고 퀴퀴한 내음이 진동하고 있고
무섭게 밀려오는 광기는
도회를 삼킬 듯 위세를 떨치고 있지만
싸이의 말춤바람이 세계를 흔들고
눈부신 소녀들의 노래와 춤이
한류의 열풍으로 대륙을 휩쓸어간다

거리를 뒤집고 나뭇가지 찢으며 요동치던 바람도
세월의 자락 속으로 소멸되어 간다

【 김 태 연 】

바리스타 꿈, 안 버린 스타 외 4편

김 태 연

15주에 걸친 바리스타 수강 중 응시 권유를 받고
늦은 나이에 겁 없이 도전한 나는 분명 푼수일 게다
틈틈이 암기를 거듭했지만 반신반의 하면서
찾아간 시험장 한양공고 3층 312호실
삼십 년 만에 치루는 시험이란 부담감에
안정을 찾겠다고 청심환을 준비해 마신다
빠르게 달려가는 종료시간에 쫓기듯 훑어보던 문제들
시험지 펴들기 바쁘게 문제란 놈에게 쫓겨 멀리 달아난다
평소 믹스커피를 즐겨 마셔왔던 늦깎이
배운 거라곤 에스프레소와 카푸치노 단 두 가지뿐인데
경험하지 못한 현대판 원두커피의 종류를 어찌 알랴
난감한 문제는 대강 찍어 합격률을 높였다 말하는 젊은이들
하지만 아리송한 문제는 대략 건너뛰고만 고지식한 나
낙방한 주제에 무슨 할 말이 있을까만
칠십 줄에 바리스타를 넘본 것부터가 욕심이요
부끄러운 일이란 입방아에 오를 수도 있을 것이다

나 비록 센스 없고 무능한 사람이지만
목적을 향한 뜨거운 열정으로 도전하리라
실버 바리스타로 당당하게 서는 그날까지

왕눈이

새벽잠 깨어 눈 비비니 하루가 다가온다
떠오르는 밝은 태양이 다가온다
낮은 담장 너머 앞산이 다가온다
대문 열어 재끼니 신작로가 다가온다
가방 멘 아이들 등굣길이 다가온다
자전거 탄 남학생이 내게로 다가온다
갓난아이 들쳐 업은 앳된 신부가 다가온다
콩나물 사러 마트에 갔던 순이 엄마가 다가온다
졸랑졸랑 순이 엄마 뒤로 강아지가 다가온다
점점 어수선 해진 동네가 다가온다
하루에 두 번 다니는 버스가 다가온다
마을 앞길로 까만 승용차 한 대가 다가온다

온 세상이 모든 것들이 내게로 다가온다

눈 속에서 눈을 뜨다

부용산 중턱 산사
주 1회 건강호흡법 수련중이다
오후 7시부터 10시까지 3시간 동안
이론 반 실습 반으로 나뉜 강행군 수업이다
시집출간 핑계로 마음만 분주해진 근래에는
겹치기 연말행사로 호흡법수강을 거르기 다반사
종강 앞둔 시험 준비도 게으르다
모처럼 낮에 짬을 내 산사로 내뛴 오늘
12시에 도착해 공양마치고 치료할 때였다
폴폴, 한 두 송이 날리던 눈이 더해
산사 비탈길을 금세 희뿌옇게 덮었다
모자도 챙기지 못한 채 서둘러 핸들을 잡았고
지네 기어가듯 느릿느릿 언덕길을 내려올 때다
앞을 가로질러 길가 마른풀밭으로 숨어드는 고양이,
그에 놀라 급브레이크 밟으니 핑그르르 헛바퀴가 돈다
순간 사고 낸 줄 알고 눈을 감았다 뜬다
자라 보고 놀란 가슴 솥뚜껑보고 놀란다더니
얼마나 긴장했는지 이마엔 진땀이 난다

조마조마 새가슴 되어 양수대교를 건너는 동안
눈에 보이는 것이라곤 앞을 달리는 차와 희미한 가로등뿐이다
어둡침침하고 음산한 살얼음판을 달리고 있지만
보다 밝은 내일이 있음에 눈을 크게 뜨고 건강을 지키련다

세상 끝까지 배움의 끈 놓지 않으리라

끌다

등교하랴 출근하랴
일곱 시가 여덟시를 향해 바쁘게 끌려가고 있다
상호 간에 눈길 한 번 줄 수 없는 아침이
자유분방하게 끌려간다
손가락 장단의 한 젊은이 횡단보도를 사선으로 끌고 간다
무아지경이 요란한 경고음을 질질 끌고 간다
15도 각으로 시선을 고정한 채 이어폰 줄에 끌려가고 있다
어쩌다 뒤뚱 발목이 겹질려도 대수롭지 않은 듯
스마트폰에 두 손 잡혀 질질 끌려가고 있다
전철 문 들어서다 배낭으로 옆 사람 밀쳤어도
로봇처럼 빳빳한 고개로 기본예절을 끌어다 팽개친다
서른일곱명이 탑승한 중앙선 6량 중 다섯 번째 칸
스물여섯 명 젊은이가 열한 명 어른의 시선을 끌고 간다
약속이라도 한 듯 앞뒤에서 고개 꺾고 톡톡 톡
시선을 끄는 젊은이들의 분주한 손가락들
애 어른 할 것 없이
스마트폰에 잡혀 질질 끌려다닌다

배추값 폭락하다

비바람에 맞서고 가뭄 견디며
숱한 날들 뙤약볕에 단련된 몸
안개비 내리던 늦가을 어느 날
수시로 드나들며 눈독들이던 발길 뜸해지고
외면당한 일가족의 미래는 불투명해졌다
짙은 황사 거센 태풍 당당하게 맞서왔건만
냉랭한 서리 예고엔 목이 자라처럼 움츠러든다
아직은 출가할 희망 접지 못했건만
까칠한 대화가 간택 받지 못한 그들 위협한다
끝장을 보겠다는 흉흉한 매장설이 마을을 떠돈다

출가할 날만 기다려오던 그들에게
제몫을 다하지 못한 책임 물어 제거설이라니
몸값 인정받지 못한 그들의 삶이 위태롭다
한 때는 소떼를 무더기로 끌어 묻더니
이젠 채 씨 일가를 생매장시키겠다고,

2013년 제3집
고려대 평생교육원 시창작과정 엔솔로지

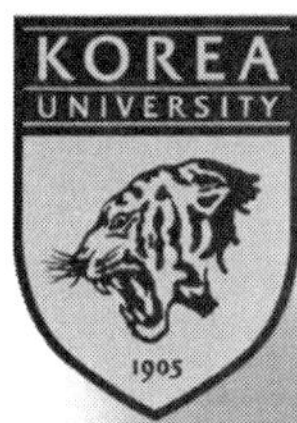

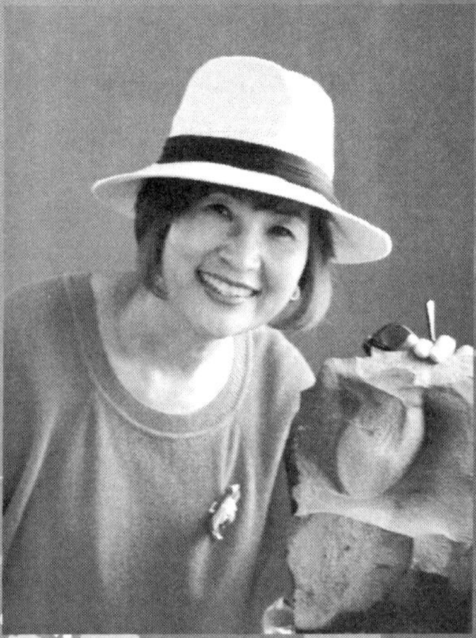

【 신 형 자 】

매실 외 4편

신 형 자

그녀는 고추장도 잘 담그고
베개도 잘 만들고
여기저기 주방마다 잘 어울리는
팔방미인이다

깊은 가을이 아직 멀었는데
그녀는 주방을 붉게 물들이는 중이다
설악산, 내장산에서나 만날 것 같은 그녀
톡 쏘는 성미까지 나를 환장하게 만든다

배 아픈 아이 낫게 하고
입 짧은 아이 잘 먹게 하니
그녀는 의사도 됐다가 주방장도 됐다가
팔방미인이 확실하다

그녀와 함께 수채화를 그리고 나니
힘이 든 것도 잠시 가슴이 뿌듯하다
어느 유명산이 이렇게 어여쁜
물을 들일 수 있을까
나도 그녀에게 진하게 물들고 싶다

별빛

영월 동강엔 한낮에도 에메랄드빛
별들이 잔치를 벌이고 있었네

가끔 큰 별들이 지나갈 때는
은하수를 만들기도 하고

가을이란 계절에 그 별빛도
무리를 지어 떠다닌지라
눈이 부셔 바라보기조차 힘들었던 날

하늘에도 강물에도
별빛이 떠다니고 있어
첫사랑 떠나보내듯
아쉬움 두고 왔으니

나도 사람들 가슴에
반짝반짝 빛나는 별빛처럼
떠다녔으면 좋겠다

동강에 흐르는 저 별들처럼

먹다

김장이 양념을 먹고 있다
어려선 엄니가 해준 김장을 먹었고
학교 다니면서 올케언니 김장을 먹었다
막 결혼해서는 시어머니 김장을 먹었고
지금은 내가 담근 김장을 먹은 지 오래다

배추는 주부들 손맛을 먹고
식구들은 여인네들의 손맛을 먹는다
전국 주부들 손맛은 갖가지인지라 그야말로 삼삼한 맛이다
양념도 지방마다 달라서 팔도 김장이 추운 겨울을 먹어치운다
서울에 오래 살다 보니 고향의 맛을 꿀꺽 삼켜버렸다
나는 멸치젓갈 진하게 안 먹어도
감칠 맛나게 담글 수 있는 주부 구단
내 겉절이는 구수한 젓갈 넣는 전라도를 먹고
김장은 시원한 서울을 먹어버렸다

그 옛날 오염이 안됐을 때는
미네랄 풍부한 바닷물로 절인 김장을 먹고 살았다
요즘도 그 맛을 아는지
바닷물 먹인 배추가 주문이 폭주한단다

지금은 공장 절임배추를 배달해 담가먹는 시대다
항아리는 탈탈 굶고 냉장고가 김치를 먹는 시절이 왔다

식당에 가면 울며겨자먹기로 중국산 김치를 먹는다
한국인은 한국 김치를 먹어야 세상을 먹을 수 있다

머루포도

딩동, 초인종이 울리더니 택배가 왔다
포항에서 사는 인이 언니가 보낸 것이다

무엇일까 궁금해 얼른 박스를 열어보았더니 인이 언니의
서글서글한 눈망울이 가득 들어있다

언니의 사랑은 주렁주렁 매달려 있다
한 알 한 알 입에 따 넣자
사랑해, 잘 있었어
언니가 새콤달콤한 말을 건넨다

가끔 톡톡 내뱉는 포도씨 같은 조크가 웃게 만든다
내 몸은 금세 언니의 말을 알아듣고 고분고분해진다

동생들을 사랑하는 마음으로 달려왔겠지만
피곤도 했으리라
그녀는 기다란 이층으로 된 집 방문을 열더니
아무데나 몸을 뉘인다

나는 금세 또 언니가 보고 싶어 방문을 연다
언니는 언제 피곤했느냐는 듯 나와
미주알고주알 내게 사랑을 고백한다

아, 인이 언니가 겨우내 우리 집에서 살았으면

시계

오늘도 당신과 함께 눈을 뜬다
이젠 당신 없인 하루도 못살 것 같다
집에 있어도
밖에 나가서도 늘 보고 싶은 당신
언제나 그리운 당신
이 세상에서 당신처럼
나에게 맹목적 사랑을 받은 이도 없을 거야
당신을 알고 나서 지금까지 단 하루도
당신을 생각지 않은 날 없으니까
이 세상에서 내가 가장 사랑하는 사람이 당신이라는 것은
아무도 모를 거야
내가 잠 못 이루는
지긋한 눈빛으로 바라봐주는 당신
이 세상을 살아가는 동안
나는 언제 어디서든 당신과 함께할 거야
어디든 나와 함께 가는 거야

오늘도 나는 당신의 목소리에 깨어
즐거운 하루를 시작한다

【 이 숙 자 】

그 모성애 외 4편

- 한강

이 숙 자

그녀는 우리의 위대한 어머니이십니다
무용수처럼 유연한 몸매를 자랑하는 그녀는
시선만 마주해도 모난 마음이 용광로 쇳물 녹듯 녹아듭니다
청아한 자태로 일관하는 그녀의 유유자적 일상을 모두는 흠모하지만
때로는 폭우가 내리면 온몸이 검붉게 울분을 삭이기도 합니다
그러나 곧 자정하여 우리의 젖줄이 되기에 주저하지 않지요
그녀가 아니면 2,400만석의 벼를 수확할 수 없지요
그러면 우리의 식량은 태부족이어서 외국에 의존하지 않으면 않되겠지요
그녀 없는 삶을 하루도 영위할 수 없기에 그녀는 우리의 생명줄이기도 합니다
겨울이 오면 찬바람에 몸 마를까 두려워 철옹성 같은 유리 이불을 덮지요
아이들은 그녀의 배위에서 썰매를 타기도 하고
이 마을 저 마을을 이어주는 다리가 되어주기도 합니다
잉어 메기 조개 등 300여 종의 물고기
수천 억 마리를 길러내 우리에게 부식을 공급하기도 합니다

마를 줄 모르는 그녀의 헌신은 많은 사람을 포용하는 것이 흠이랍니다

세파에 시달린 극한의 사람들은 그녀 품이 그리워
하루에도 몇 명씩 나비처럼 날아든답니다
서울을 남북으로 재단하여 삶의 질을 가르기도 하지만
그녀가 추구하는 바는 아닐 겝니다
그녀와 마주하는 시선이 남쪽보다는 북쪽이 더욱 사양하니까요
유연한 그녀의 자태에 젖기 위해 좀 더 가까이 좀 더 높이
자리를 선점하려 다투어 안간힘을 쏟는답니다
그녀는 편애 없는 모성애로 언제나 우리를 지켜줄 것입니다

보너스를 위하여

- 등산

무작정 올라가 왕회장을 알현했지요
장하다 무엄하다 반응이 없어요
살랑살랑 귓전을 울리는 비서의 말
용감하네요
수년을 갈망해온 투지 하나로 도전했지요
포근히 잠들 무렵
무례했던 나의 용기에
저려오는 오금 후들대는 다리

다시 오지 말라는 통보가 없어
다음 주 그 다음 주 또 다음주
거듭되는 왕회장님 알현에
살포시 감싸안는 왕회장님

금요일은 종일 근무
월요일부터 목요일까지는 재택근무
질퍽이는 빗길에도 눈 내리는 빙판길에도
점심밥 배낭에 짊어지고
보수 없는 근무에 열중했지요

신선한 정보를 전하는 상냥한 비서
회사에서 열심히 한만큼 두둑한 보너스를 보증한대요
그러나 겸손하라네요
무례하게 돌진하면 엄벌에 처한다네요
보너스는 무형이라네요

항아리

지금은 비록 문지기에 불과하지만
예전에 나는 막강했답니다
중국의 푸이 황제가 이발사로 생을 마감했듯이
이만한 직분이라도 행복으로 알지요
담배꽁초 휴지조각을 수거하는 일이 나의 직책이지만
나는 스스로를 후생장관이라 부른답니다

아리수가 널리 보급되지 않았을 때
나는 국민의 젖술이었지요
불룩이 배를 채웠다가 밥물은 무론
빨래나 청소 채소를 씻는 등 수많은 일들이 내 몫이었지요

나는 정월이면 어김없이 잉태해서
삼월이면 이란성 쌍생아를 출산한답니다
해님의 따스한 보살핌을 받아
할아버지 할머니 일꾼에 이르기까지
이 나라 백성 모두가 일 년 내내 밥맛을 잃지 않고
내 덕에 살지요

양지 바른 자리에 근엄한 모습으로 정좌하고 앉으면
여인네들은 조석으로 문안하지요
매일 같이 나를 목욕시켜 윤기가 자르르 흐른답니다
이 나라 황제이신 터주님 목욕시키는 일은 없어도
황후인 나에게는 모두 지극정성이랍니다.

사람들은 정월대보름이면 내게 떡시루를 바치며
정화수와 함께 소원을 빌기도 한답니다
그런데 내가 문지기로 전락한 것은
피자 햄버거가 수입되어 사람들 입맛이 변하였고
굴뚝 같은 아파트가 즐비하게 들어서
찾아올 해님도 정좌할 좌대도 없어졌지요

거스를 수 없는 대세를 탓할 수 없어
나는 봉사의 자리를 택했답니다
백성의 후생을 담당하는 장관이 황후 자리만 못할까요

연하장

숨 가쁜 한 해를 마무리하면
어김없이 바통을 이어받을 다음 주자가 대기하고 있습니다
누군가의 소식을 누군가에게 나르는
그녀의 직업은 천사인가 봅니다
그녀를 마주하는 순간부터 울렁입니다
그녀의 소식은 언제나 설레입니다
그녀가 소식은 언제나 기쁨입니다

얼마나 됐을까 그녀가 오지 않습니다
그녀도 이제 나이가 들어 이상이 생겼거나
기력이 쇠잔해진 모양입니다
쇠약한 날개로 소식을 나르는 일이 무리였나 봅니다
일이 많은 연말에는 그녀가 바삐 일을 해도 일주일에서 열흘.
바다건너는 한 달이 걸리기도 합니다
이제는 소리보다 빠른 문자 메시지가 등장해서
그녀가 일감을 모두 빼앗긴 모양입니다
그녀가 한 달 걸려 하는 일을
수 십 초에 해낼 수 있으니 아마도 그녀는 실직을 했나 봅니다

송구영신 분수령에서 그녀를 기다리는 설레 임은
삶의 청량제 였는 .
이젠 더 이상 그녀를 만날 수 없을 것 같습니다
기다림의 '미'를 접어야 될 시점이 온 것 같습니다
이제 그녀는 동화 속의 천사로 길이 기억될 것 같습니다

천연 모니터

주방에서 식사를 준비할 때면
언제나 모니터를 봅니다
전원이 필요치 않은 사방 30Cm의 천연 모니터
그 방송국은 쉬는 날이 없답니다
내부순환도로의 내방객을 모니터합니다
그를 통과하지 않으면 통행이 불가능합니다

바삐 달려가는 내방객들
비둘기 떼가 달려갑니다
까마귀떼가 달려갑니다
청둥오리가 달려갑니다
무엇을 싣고 달리는지
내용물은 보이지 않습니다
급전을 구하러 달리나봅니다
식량을 싣고 달리나 봅니다
주말이나 월요일이면 기어서 오고 갑니다
연말이 가까워서 더욱 바삐 달리나 봅니다
나도 어디론가 달려가야 할 것 같아
괜스레 마음이 분주해집니다

휴일 없는 모니터는 초연합니다

2013년 제3집
고려대 평생교육원 시창작과정 엔솔로지

【 전 하 라 】

크리스마스 외 4편

전 하 라

예전엔 12월이 되면 우리 집은
늘 경쾌한 그녀의 목소리로 가득했다
하지만 언제부터인지 나는 그녀의 출현에도
시큰둥하며 옛 추억을 지우고 있다
사면을 가득 채우던 그녀의 목소리는
난맥亂脈을 치고 亂을 일으키고 있다
남을 돕는다고 냄비를 벌리고 서서
되돌이표처럼 종을 흔들어대는 그녀
이젠 과거 속 애인이 되어버린 그녀가 달갑지 않다

오늘 아침 신랑이 내게
어떤 선물을 받고 싶은지 물었다
나는 대답대신 침묵했다
다만 침묵하는 법을 배워가는 중이기에
그녀의 출현을 경계하고
판도라의 상자에 나를 가둔다

패스

안산 중앙역
저녁 11시, 환승하기 위해
뻐근한 하루를 어깨로 떠받치며 버스를 기다린다
선부동과 부곡동의 종점을 쉼 없이 오가는 77번 버스
같은 방향에서 타려니
나가는 버스인지 들어가는 버스인지 늘 헷갈린다
77번이 도착하자마자 정신없이 올라타 패스를 댄다
휴대폰 카카오톡을 보내다보니
버스는 반대방향으로 가고 있었다
내리고 갈아타기를 반복해 집에 도착하니
열두 시가 넘었다

아내를 패스해 직장인이 되고
엄마를 패스해 커리우먼이 되고
아줌마를 패스해 유명시인이 되고 싶은 나의 꿈은
오늘도 패스되지 않고 집으로 되돌아온다

나는 오늘을 패스하지 못하고
내일로 연장하고 있다

가방의 꿈

종로3가에서 만원주고 검은색 레자가방을 샀다

나는 그녀의 눈에 들려고 무진 애를 썼다
어느 날은 맨 앞줄에 나와 서성거렸고
어느 날은 꽃처럼 걸려있었다
그녀는 이리저리 나를 살피더니
어깨에 메어보고 있다
순간 나는 그녀의 어깨를 덥석 잡고 매달렸다
그녀는 나를 데리고 집으로 가더니
이리저리 살펴보곤 배부르게 먹여주었다
내가 하품을 하면 하품을 받아 주며
입을 헤 벌리면 입을 닫아준다
이제 그녀는 외출만 하려면 나를 찾는다
유진아, 내 가방 어디 있니
해강아, 내 빽 못 봤어
나는 졸지에 언니와 오빠를 얻었다
그녀가 언제 어느 때 나를 무시할지 몰라
나는 그녀가 잠든 밤에도 몰래 시집과
성경책을 읽으며 밤을 새운다

가을에 만난 그녀
봄이 되면 나를 밀어낼지도 모른다
껌딱지처럼 내년 가을까지는
악착같이 붙어 다녀야지

알프스 소녀, 하이디

- 서울풍물시장 이득영 총각의 모자가게에서

11월 중순이 넘어서자
알싸한 기운이 정수리를 타고 흐른다
며칠 동안 첫 추위에 옷깃을 여미며 다녔다
그러던 어느 날 점심 먹으러 풍물시장 2층으로 가다가
문득 서구풍의 너를 만났다
한참동안 점심 먹는 것도 잊고 네 앞을 서성거렸다
풋풋한 너의 미소는 내 발길을 불러세웠다
너는 알프스 목장의 양떼를 따라나선 소녀 같았다
나를 위해 밤과 낮을 지켜줄 수호천사 같은 너
나의 수다와 침묵에 동조해줄 것 같은 너
너와 함께 양떼를 몰고 싶다
너와 함께라면 눈 덮인 마테호른 봉우리도 오를 것 같다
파리한 이슬을 맞으며 초원을 거닐고 싶다

풀목걸이 걸어주던
소꿉친구 같은 너
너와 함께 걷는 발걸음 뒤로
사운드 오브 뮤직의 맑은 노랫소리 들린다

제로로부터의 제로

지인 아들의 결혼식이 있어 모처럼 대구행 ktx를 탔다
열차가 서울역을 떠나기 위해 숨고르기를 하고 있다
서울에서 부산으로 향하는 열차
부산에서 서울로 향하는 열차
열차는 앞뒤가 없는 열차에 우선이라는 말은 무의미하다
0에서 0으로 향하는 시간이 째각거린다
열차에 오른 사람들이
아침을 한 칸씩 먹으며 제로에 도전한다
칸과 칸 사이, 굵은 뼈마디에 질주본능을 주입한다
내가 너에게로 가는 것은
결국 네가 나에게로 오는 것
내 주머니에 있던 만 원짜리 몇 장에
나는 철마를 올라탄 주인이 되었다
서울에서 부산의 중간 기착지 대구는 제로 안의 제로
멈출 줄 모르고 국토의 혈관을 파고드는 제로
제로를 통해 가을 산이 물들고 있다
제로로부터 zero를 향한 피의 채색이 붉다

2013년 제3집
고려대 평생교육원 시창작과정 엔솔로지

【정 아】

소식 외 4편

정 아

이른 아침 그가 현관문을 디밀고 들어온다
그 사이 끼어있는 간지들
기별은 이렇게 많고 나를 초대하는 곳도 많다
오가는 길에 어디든 갈 수 있는
쿠폰도 넉넉하게 주는 세상이다
눈 돌리면 자유롭게 쭉쭉 뻗은 길
그러나 나는 그리 자유롭지 못한 길이다
욕심만 버리면 된다지만
내 마음은 도토리를 문 다람쥐 볼이다
쳇 바퀴 돌듯 사는 날들
구름 보고 흙을 파서 양식을 구한다

그의 출현은 설레기도 하고
때론 청천벽력 같은 허무함도 있다
가끔 까꿍하면서 빛의 속도로 달려오는 그
나를 어찌도 그리 잘 알지
때론 으쓱함도 반신반의도 있지만
이젠 긴 기별도 점점 짧아지고 초대장도 얇아진다
앉을자리 설자리 잘 보면 되는 거라고 마음먹으며
걸림돌 투성이인 내 자리를 치운다

까치가 울어도
까마귀가 울어도
전화기가 울어도
카톡이 울어도
기별은 기쁜 거여

아버지, 시인되다

시인이었다 날마다 새벽 염불처럼 들려오는 책 읽는 소리는 선잠을 깨웠다 태어난 아이들 이름지어주기, 돌아가신 분 좋은 자리 잡아주기, 사주까지 봐주는 철학자였다 오가는 분들 불러 술 권하기, 내기 장기 좋아하는 한량이었다 마누라 얼굴보다 꽃의 얼굴과 눈맞춤하기를 좋아하는 원예사였다 청광약방의 주인이었다 온종일 약을 짓고 약을 파는 그는 때론 돌팔이 의사였다 터진 사람 꿰매고 흔들리는 이도 빼고 농약에 중독된 사람 해독도 시키고 산파도 하는 그는 사람 살리는 데는 죄가 되지 않는다며 경찰이 잡아가도 좋다고 배짱을 부렸다

스스로 시인하면 시인이 뒤다 돈은 거두절미하고 술대접이거나 쌀 한 됫박이 고작이었다 시인보다는 생명의 은인이라는 정 의사나 정 약방네가 가장 기쁘지 아니 하였을까? 그렇게 종일 약방을 지키면서 박카스를 꺼내는 그는 파는 게 아니라 그냥 드리는 게 더 많다는 것을, 나는 알았다 그는 약장사가 아닌 시인이라는 것을 스스로 시인하고 싶었을 것을, 주머니에 천 원짜리 한 장이면 행복하다는 그는 '스스로 김삿갓'이라 시인하며 가슴으로 시를 쓰고 살았다는 것을

시를 쓰지 않고도 시인다운 시인이었던 그 시인, 시인 좋아하면 시인이고 시인 존경하면 시인이 된다며 시인하신 그 시인, 흰 눈 내리는 날 가시는 길 싸리비질을 한 후 바람결에 눕듯 장수는 못할 거라 시인하더니 지천명 초입 하늘을 시인하며 우리에게 모진 슬픔 주고 약방문도 폐업하고 이승의 끈을 놓아버린 그 시인, 모든 것을 시인한 삶이었을지라도 가는 길은 악다구니 써서 부인했어야죠

이 세상이 그리도 시시하던가요 약도 안 파니 겁나게 좋으신가요 중년의 딸이 시인합니다 여느 시인 못지않게 시인처럼 살다 간 짧은 53년은 시인보다 더 맑고 아름다웠다고 시인합니다 누가 뭐래도 나는 시인의 딸입니다 저랑 같이 살겠다는 그 말씀은 유효기간이 이리도 많은데 소주도 국수도 사 드리고 싶은데 이제사 시인합니다

멋진 우리 아부지 사랑했었다고
나도 시인이 됐다고!

기억 속으로

새벽 종소리가 어둠을 깨웠다
꿈결처럼 다가온 금종소리

낯익은 종소리에
내 유년이 깨어난다
고향마을 어귀에
오래된 궁전처럼 서있는 성당

아버지는
내 손을 잡고 자주 성당에 갔지만
수줍은 많은 나에게는
늘 낯설었다
근엄한 수녀님과 정돈된 방석

양지바른 그곳
내 고향마을 성당은
지금도 박물관처럼 서있다

그 아래
할머니와 아버지는

종소리를 듣고 아침을 열곤했던
아버지만큼 나이 든 내 귀에
멈춘 종소리가 저문 세모에
따뜻하게 담긴다

3호선 전철

수요일
수수하게 입고 집을 나선다
힘차게 발걸음 뗀다
그대는 상큼한 오렌지 향으로
내게로 오고 있다
나를 유혹하는 간이역도 있고
샛길도 있지만
목적지로 가기위해선 직진이다
밀착된 사람사이에는 애써 모른 척 내외한다
흔들리는 몸짓의 언어
다들 손바닥 세상에 빠져있고
적토마처럼 빠른 그는
녹록지 않은 우리네 삶의 흔적을 안고
쉴 새 없이 달린다
미로같이 숨바꼭질해야 하는 길
축제장으로
주제를 안고 일터로 향한 수많은 군중들
나는 어디로 가고 있을까?
초등학교 입학해서 글씨를 배웠는데
이제 시를 배우러 가는 문학소녀다

그대는 견고한 꿈이 담긴 나를 싣고
때론 강하게 때론 여리게 달려간다
설레고 어리버리한 나를 꼭 붙들고

구두

외출을 준비한다
꽃단장을 하고 빙그르 돌아본 후
말없이 기다리고 있는 우직한 그에게 고개를 숙인다
오늘도 내 자존심을 세워줄 그는 내 동행자
반짝이는 코를 살짝 만져본다
군인처럼 씩씩한 그이는
앞서기를 좋아하지만 남을 밟지는 않는다
험한 세상 헤쳐 나가던 그가 고단해서 쉬고 싶은 걸까
추억을 재정비하려고 신기루 같은 가게로 들어간다
대장장이의 손처럼 날렵한 주인은
새 것 못지 않네요, 친절한 말까지 보탠다
그와 함께 뽀드득 소리를 내며
아름다운 길을 걸을 수 있기를 바래본다

2013년 제3집

고려대 평생교육원 시창작과정 엔솔로지

2013년

고려대 평생교육원 시창작과정 시화전

2013. 12. 4부터 ~ 12. 11까지(1주일 간)

뾰족한 시

김 순 진 (지도교수)

늦게 퇴근해 들어오니
철사가 삐져나와 자꾸만 가슴을 찌른다며
아내가 브래지어를 꿰매고 있다
버리고 또 사면되지 꿰매 입을 것까지야 있느냐
말하려다가 본전도 못 찾을 것 같아 입을 다문다
사업해서 번번이 망하고 시까지 쓰는 주제에
무슨 할 말이 있느냐, 쏘아붙일까봐
못 본 척 시집을 읽는다
남자의 자존심을 세우느라
브래지어를 꿰매 입는 아내에게
돈도 못 벌어오면서도 되려 큰소리쳐온 나
식당일 공장일 병원일 허드렛일을 전전하며
내가 시를 쓰도록 묵인해준 20년 동안
얼마나 많은 말들이 아내의 가슴을 찔러댔을까
사람들은 내 시가 재미있다고 하지만
아내에게는 뾰족한 비수였으리

오늘은 내 시가 나를 찌른다

충신의 한계

고 보 희

보이지도 잡히지도 않는 것이
사십여 년 한결같이
새벽을 알려주던 내 안의 충신
알람시계도 발붙일 여지없어
풀 죽어 고개 숙인 채
명함도 못 내밀고 밀려났었지

그러던 것이 엊그제부터 변심을 했다
쾅쾅 두드리는 문소리에 일으킨 몸
다리가 후들후들 중심을 잃었는지
책상머리를 도끼 삼아 쾅
화들짝 앉으면서 와장창 엉덩방아를 찧었다

세월의 무게에 그토록 직언을 잘 하던
충신도 등을 돌릴 줄이야

겨울을 위한 小說

– 입동

권 영 춘

북방으로부터 그와 함께 떠나온 기러기 떼는
그가 오고 있다는 전갈을 물어왔다

아버지 創日 선생과 어머니 明月 여사 사이
많은 형제들 속에 태어난 그는
어려서부터 형제들과 자주 싸워 부모의 속을 썩였다
그런 그가 보름 전부터 탱자나무 가시발로
집 주변을 슬금슬금 엿보더니
어젯밤에는 청무 밭에 시린 발자국을 남겼다
결국 쫓겨난 그는 이곳저곳 방황하며 난장(亂場)을 치다가
푸성귀들을 사정없이 헤뜨려놓고 말았다
식구들은 그가 언제 또 말썽을 부릴까 몰라
바리바리 김장을 담가놓고 내다보지도 않았다
미운 자식에게 떡 하나 더 준다고 했던가
그래도 부모님들은 가끔 흰 떡방아를 찧느라 바쁘다
보름 동안 공연되는 연극의 주역을 맡은 그가
연극을 끝내고 휘장 안으로 가뭇없이 사라지면
거리엔 캐럴송이 울려 퍼지고

마당 한 귀퉁이 자작나무에 얹힌 小雪은
기나긴 겨울의 小說을 쓴다

나누고 싶어요

김 방 주

잇속이 빠른 사람보다
정이 많은 사람과 이야기 나누고 싶어요
토속적인 사투리로 말하는 사람보다
외국어를 할 줄 아는 사람과 이야기 나누고 싶어요
도보여행을 다니자는 사람보다
직접 운전해주는 사람과 이야기 나누고 싶어요
함께 밥을 먹자는 사람보다
함께 음악을 듣자는 사람과 이야기 나누고 싶어요
주머니 넉넉한 사람보다
마음이 넉넉한 사람과 이야기 나누고 싶어요
많은 지식이 든 사람보다
농담이 많은 사람과 이야기 나누고 싶어요
제 여자만 잘 챙기는 사람보다
엄마를 잊지 않는 사람과 이야기 나누고 싶어요

일상이야기만 하는 사람보다
시를 쓸 줄 아는 사람과 이야기 나누고 싶어요
나, 누고 싶어요
아름다운 생각의 배설을

난초蘭草

김 상 호

한 여인의 춤판이 벌어졌다
손끝이 바람에 연실처럼 흩날리고
고개를 숙일 때마다 드러난 목선이 우아하다
무슨 분을 발랐을까
그녀의 향기가 온동네 진동한다
차가운 백설을 가슴에 안고
곧게 세운 그녀의 자존님
암벽을 보듬어 설한雪寒을 지새우니
지조 높은 고귀한 인품은 여자임에도
군자의 칭호를 받는다

청순한 심성이 하도 여려
비바람도 들지 못하고
푸른 하늘도 저만치 비켜가니
순백의 높은 절개로다
초향草香만이 맑게 흐른다
붓끝으로 펼쳐지는
천 년의 향이 그녀로다

단무지

김 선 영

단무지 없는 김밥은
앙꼬 없는 찐빵

세상 무엇과 어울려야
비로소 맛을 내는 너처럼
나도 가끔 너처럼 단순하게 살고 싶다
단풍 고운 가을날
좋은 사람들과 뒹굴며
너처럼 노오란 그리움으로
가슴을 새콤하게 물들이고 싶다

짭짤하고 달콤한
그런 사랑을 해보고 싶다

입동

김 정 태

아직 잔치가 끝나지 않았는데
그가 오는 발소리 들린다
찬바람 쌩쌩 부는 그의 발자국 소리에
축제로 들떠있던 세상은 잔치 뒷정리로 분주하다
그의 냉혹함에 모두 얼어붙을 것이기에
무서리에도 끄떡없던 나뭇잎이 놀라 시든다
산책로를 노래하던 가을꽃들도 떨어진다
어린나무는 볏짚으로 겨울옷을 갈아입고
시금치 월동초가 들판에 나가 그를 맞을 채비를 한다

장독대 사이로 새떼가 바삐 나는데,
철없는 찔레 열매는 아직도 오뉴월인 줄 알고
빨갛게 화장하며 나들이 채비에 바쁘다

간이역

김 태 연

곤히 잠든 간이역이 기지개를 편다
도청 이전에 발맞춰 옮긴 도고온천역
뒷방 늙은이로 나앉은 학성역을 일깨운다
오랜 세월 침묵으로 일관하던 간이역이 입을 연다
뒷방신세로 내몰린 옛 역사를 말끔히 단장시켜
옹기장의 발효음식 체험관 턱밑에 두고
장미넝쿨과 세계꽃식물원까지 하나로 묶었다

폐역사를 오갈 레일바이크
침목을 걷어 낸 캠핑장
지역 경제를 살리기 위한 직거래장터
레일바이크에 올라
수증기 뚫고 황금들판 가로 지르면
현충사에 아산만 삽교호까지
모두 보일 테지

가을, 당신의 증거

김 하 늘

날마다 깊어가는 가을 저녁
당신을 만나러 길을 나섰습니다
집안에서 밖으로 몇 걸음 걷자니
놀라운 풍경이 이어집니다
형형색색으로 곱게 물든 단풍을 벗 삼아
내 마음도 아름답게 살랑거립니다
사뿐사뿐 바스락 소리도 내며 걷습니다
당신의 향긋한 향기가 바람에 실려와 코끝에 닿습니다
당신은 지금 행복스런 기적을 보여주십니다
당신의 조화에 감사하며
은혜와 영광을 찬양하며 경배합니다

나팔꽃

백 운 수

빤빠라 빤바 빤 바바바
빠 빠바바 빠 바바바

기상 기이상
아침밥 짓고 우리를 일깨우는 어머니 소리
아침 해 동트건만
내 눈썹은 5톤
아무리 힘 주어도 들리지 않네

어디선가 들려오는
이슬 맺히는 소리
곤지곤지 붉으스런
색동옷 얼굴 내미니
어머니는 잔소리로 노래하네

산들바람에 문 열고 나가니
옆집 총각 앞집 꼬마
참 예쁘다고 어김없이 인사하네

착한 짜장

민 홍 기

서원동 문화교 버스정류장 옆

작은 음식점 간판 '착한 우동 • 짜장'
가격; 우동 • 짜장 3000원
영업시간; 오전10시 - 새벽00시

간판 아래 영문으로 쓴
'EMIYA
BAEGOFDA
ZZA-JANG
ZOM
SAWARA
어머니는 짜장면에 밥까지 드셨어'

잠은 오지 않고 허기진 배로
국수 가락보다 긴긴 밤을 기다리며
기다리다 검게 타버린
타버리다 하얀 재가 된다

게 눈 감추듯 다 해치우신
어머니의 밝고 행복한 모습이
더욱 그리운 날이다

12월 31일

신 형 자

그녀는 꼭 1년에 한 번씩만 다녀가는 손님이다
364명의 동행자를 데려오다가 모두 따돌리고
혼자만 새 문으로 들어서려는 그 여자
그녀가 떠나 갈 때는 모든 이들이 아쉬움에
발을 동동 구르며 어떤 이들은 쓴 약 같은
소주잔을 기울이기도 한다
그야말로 천지개벽이다
그녀가 떠나가는 것이 그렇게 좋은 것일까
동해바다로 하늘공원으로 행주산성으로
새벽같이 나와 환호성을 지르는 사람들
나는 그녀와 작별을 하고 나면
왠지 모를 허탈감에 사로 잡혀
다음을 기약하면서 밤을 지샌다

크리스마스의 기도

오 문 희

그분의 탄생은 인류를 위한 축제입니다
징글벨 소리는 우리 모두의 노래입니다
성전 앞 촛불은 우리 모두의 희망입니다
크리스마스트리는 우리 모두의 형상입니다
우리의 기도는 당신을 향한 순종입니다
우리의 찬양은 행복으로의 초대입니다

주님이시여
우리의 고백을 들어주소서
오늘도 당신의 사랑을 못 잊어 눈물 흘리는
우리의 간절한 기도를 들으소서
우리 인간은 나약하고 만족을 모르나니
위로해주시고 꾸짖어주소서

건강을 주시면 재물이 부족하고
먹고 사는 것이 넉넉하면 건강을 잃게 되나니
부디 균형 있는 삶을 살게 하소서
행복과 불행을 모두 주님께 맡기니
사는 날까지 주님 뜻대로 살도록
인도하여 주시옵소서, 아멘

수종사 다실에서

이 숙 자

운길산 팔부능선
수려한 자리에 안좌한 수종사
뜰안 가득 은은한 작설차향
발자국 소리 조차 두려운
경건한 도량의 조용한 다실에서
보시 받은 작설차를 조용히 음미해본다
서리서리 연기로 피어나는 자비의 향기
찻잔에 어린 주옥같은 님의 말씀
한 모금 베어 물고 되새김하고
두 모금 베어 물고 또 되새김한다

저 멀리 부처님 시선 머무는 곳
무언으로 말씀하신 진리의 흐름
저 물길을 보라하셨네
남한강 북한강 두 물길 어우러져 한강이루니
우주만물 모든 이치, 둘이 아님을 눈빛으로 이르셨네
두 줄기 물 하나 되어
유유히 흐르는 저 강물
거칠 것 없는 넓고 깊은 부처님 성도이어라

석양에 곱게 물든 저 꽃구름은
진귀한 자비의 씨앗이 온 누리에 싹틀 수 있도록
단비되어
황폐한 누리를 촉촉이 적셔주리라

내력

이 혜 서

아주 오래전
할머니가 노환으로 돌아가셨다
오래전
큰아버지도 병환으로 돌아가셨다
몇 해 전
아버지가 당뇨로 지팡이를 짚으시더니
다시 뵐 길이 없다

거울 속에
할머니를 닮은 큰아버지와
아버지를 닮은 내가
지나간다

멀리 도망친 줄 알고 산 자식 하나가
어쩔 수 없이 돌아와 서있다

가을 아이들

이 후 재

또 가을바람이 달겨든다
나무네 아이들은 겁을 먹고 떨고 있다
공원 벤치 밑으로 동네 친구들이 모여든다
폭풍우 속에서도 어미의 팔을 잡고 견딘 그들이
서리 주사 한 방에 손을 놓았다
단풍네 아이가 벌게진 얼굴로 와 주저앉고
감나무네 아이들은 초콜릿 표정으로 임시 반상회에 나왔다
지난 여름 집을 나간 형제들은 잊어버리고
닥쳐올 눈보라 문제를 토론하고 있다
하얀 머리 괴물이 지팡이를 끌고 와 듣고 있다
우리 아이들은 시방 어디에 사는지 찾아달라며 눈물짓는다
나이든 이가 발끈 일어난다
사람들은 왜 새끼들을 바깥으로 몰아냈다가 뒤늦게 야단일까
나무를 닮아 한 곳에 뿌리 내리고 살 일이지
아이들은 빠삭빠삭 박수를 친다
또 찬바람이 달겨든다
집나온 아이들은 온기를 나누려 서로 밀치고 있다

겨울을 위한 발레

전 하 라

간밤 맹추위에 길바닥이 꽁꽁 얼어붙었다
잠시라도 한눈을 팔면 뒤로 넘어질 것 같다
양팔을 펴 살금살금 걷는다
나를 뒤 흔들던 모호한 생각들이
하나씩 춤추며 발레리나가 된다
가로등도 서로의 날개를 펴고 도시를 공연한다
전철도 그녀를 위해
아침에서 저녁을 잇는 발레 중이다
발을 빨리 굴리며 지젤을 공연하는 열차의 바퀴
가로수들은 탭슈즈를 신은 채
발을 들어 데 벨로페 데 벨로페 뻗다가
앙오 팔을 뻗는다
전선들 일제히 알라스공드 알라스공드11)
팔을 펼치고
전철에서 내린 그녀도
조심조심 알라스공드 알라스공드
걷는다

11) 데 벨로페, 앙오, 알라스공드 : 발레의 동작

허수아비의 참회록

전 호 림

무슨 죄를 지었길래
스스로 십자를 지고 예수가 되었나
팔짱을 끼고선 사죄할 수 없었나 보다
양팔 활짝 벌려 탐욕을 내놓고
대신 덕지덕지 가난을 들였다

와서 채우라!
여기에 포만만이 있을 지니
포르릉 포르릉, 허기들이 날아와 요기를 쫀다
잡히지 않는 신기루 같은 삶 속
그가 적선을 인도하고 있다

하늘

정 아

뭉게구름으로 편지를 쓴다
사랑은 솜사탕 같은 거라고

그리움으로 색을 입힌다
사랑은 바다물결 같은 것이라고

바람 편에 마음을 보낸다
여인의 마음이 산을 넘어간다

네 생각 한 자락 답장으로 받았다
가슴 따뜻한 가을날이다

갈대의 독서법

최 원 정

갈색 웅덩이에서 하얀 실뿌리가
가을을 읽는다
마른 이파리가 계절을 읽는다
헛헛한 가슴으로 파고드는 붉은 그림자들
바람 재우고 영롱한 이슬방울로 세월을 읽는다
시월의 마지막 날 떨어지는
그의 몸에서 가을을 읽는다
긴 막대를 이고 사는 그의 몸에서
여름의 꼬리털로 쫓아온 계절을 읽는다
햇빛 쨍쨍한 텅 빈 들녘
사위어가는 실낱같은 발자국 밟으며
모래처럼 느껴지는 사계(四季)의 사전을 읽는다
두근거리는 마음으로 갈대꽃의 향기를 읽는다

2013년 고려대 평생교육원
시창작과정 엔솔로지

겨울을 위한 小說

초판인쇄일 2014년 1월 08일
초판발행일 2014년 1월 15일

지은이 : 신형자 외
발행인 : 김순진
편집장 : 전하라
디자인 : 김초롱
펴낸곳 : 문학공원
등 록 : 2004년 3월 9일 제6-706호
주 소 : (우편번호 130-814)서울 동대문구 난계로 26길 17호
삼우빌딩 C동 302호 스토리문학사
전 화 : 02-2234-1666
팩 스 : 02-2236-1666
홈페이지 : http://cafedaum.net/yob51
이메일 : 4615562@hanmail.net

※ 책값은 뒤표지에 있습니다.